DE LA CENSURE.

LETTRE A M. LOURDOUEIX,

Par J.-P. PAGÈS.

(*FRANCE CHRÉTIENNE.*)

DE
LA CENSURE.

LETTRE A M. LOURDOUEIX,

Par J.-P. Pagès.

(FRANCE CHRÉTIENNE.)

PARIS,
AU BUREAU DE LA FRANCE CHRÉTIENNE,

RUE D'ARTOIS, N. 9,

ET CHEZ LES MARCHANDS DE NOUVEAUTÉS.

JUILLET 1827.

Imp. de DAVID, boulevart Poissonnière, N° 6.

DE LA CENSURE.

LETTRE A M. LOURDOUEIX,

Par J.-P. PAGÈS.

(*FRANCE CHRÉTIENNE.*)

Monsieur,

Le système corrupteur de nos ministres a flétri tout ce qui les entoure; mais les peuples ne sauraient se vendre, le pouvoir n'est pas assez riche pour les acheter. Instrument flexible dans les mains de vos maîtres, espérez-vous que la censure fera ce que la vénalité n'a pu faire? Vous essayez de tromper ceux qu'ils n'ont pu corrompre.

L'intérêt public, mon intérêt privé me placent dans la nécessité de signaler et de combattre cette turpitude nouvelle.

C'est à vous que je m'adresse, Monsieur; et cependant j'eusse désiré savoir à qui j'écris. Qui êtes-vous? d'où venez-vous? qu'avez-vous fait? Les biographies n'ont pu me l'apprendre. Mais vous êtes le chef d'une de nos trois polices; cela me suffit. Légataires par tiers de l'héritage de Fouché, M. Vidoc sort du bagne, et, flétri des stigmates de la justice, arrive à la fortune par l'exploitation du pouvoir; M. Franchet sort de cet antre où le secret des lettres, les confidences de l'amitié, les mystères des familles sont chaque jour impunément violés par ordre de l'autorité; vous sortez du tripot de cette censure que vous dirigez aujourd'hui : ainsi, l'un surveille les actions, l'autre espionne les paroles, vous disséquez les écrits; tous les trois vous avez fait votre chemin. Dieu me préserve toutefois de vous reprocher votre origine! Vous venez de bas et de loin, il est vrai; mais les ministres, vos maîtres, n'étaient ni bien près ni bien haut.

J'ai dû rappeler votre estampille originelle. Savez-vous que Malesherbes honora ces fonctions que les ignominies de la police flétrissent aujourd'hui? Si le public, qui juge souvent des hommes par les places, allait se figurer que j'écris à un grand magistrat, à un sage, à un écrivain vénérable par de nobles talens et de hautes vertus, à un autre Malesherbes enfin! Vous lui succédez comme MM. de Villèle, de Peyronnet, de Corbière succèdent à Sully, à Lhopital, à Colbert; et cette explication était nécessaire pour justifier quelques expressions qui, en dépit de moi-même, prennent la teinte des sentimens que j'éprouve.

Je respecte tout ce qui est respectable; mais la nullité haineuse, affectant la tyrannie et se croyant une puissance politique, parce qu'elle est un instrument de basse police, m'offre un spectacle qui me dégoûte et me révolte. Il m'est impossible d'être fidèle à une politesse qui veut me faire mentir à ma conscience et gauchir contre la vérité. Dans ce siècle, les intérêts ont usé les passions; on n'a plus d'indignation contre le vice, de respect pour la vertu: Mingrat, Vidoc, la censure, l'indépendance de l'Amérique, le massacre des Grecs, ce qui favorise les développemens du génie de l'homme, ce qui flétrit la dignité de l'espèce humaine, tout, sans haine du mal, sans amour du bien, tout est raconté par une frivolité toujours brillante à une curiosité sans cesse attentive. Est-ce de ma faute, Monsieur, si je ne suis pas de mon siècle?

La censure est rétablie sous votre patronage. M. le comte d'Artois avait dit en rentrant en France : *Plus de droits-réunis!* Charles X avait dit en montant sur le trône : *Plus de censure!* La France accepta ces promesses; Dieu les reçut : la France dira comment elles furent remplies par nos ministres; Dieu fera le reste.

La censure n'est pas dans la charte. Elle annonçait une loi répressive; on nous donne une loi préventive. Ou les mots n'ont plus de sens, ou les promesses n'ont plus de foi aux yeux de nos ministres, ou cette mesure est contraire à la charte de la restauration, aux paroles de la royauté.

Il est vrai, la censure est dans la loi; les ministres peuvent la rétablir dans des circonstances graves. Devaient-ils user de leur droit? Étaient-ils menacés par la gravité des circonstances? L'intérêt jésuitique et l'intérêt ministériel rendaient-ils le silence nécessaire?

Oui, sans doute. Un prêtre viole une mère de famille sur les marches de l'autel, la dépèce en lambeaux, disperse dans un fleuve les membres qu'il a déchirés, et se rit de la justice divine, et brave la justice humaine aux portes même du village qu'il a souillé de son exécrable brutalité; et nous, qui faisons arrêter au milieu de Paris un soldat accusé d'avoir déserté les drapeaux du roi de Sardaigne, nous ne demandons pas à la cour de Turin cet homme coupable à la fois de viol, d'assassinat et de sacrilége! Un autre prêtre, lassé d'être vicaire, tente d'empoisonner son curé, et le vin qui sera consacré, et le vase du saint mystère doivent servir d'instrument au crime! Un autre prêtre, préparant des enfans au plus auguste des devoirs religieux, abuse de l'autorité de son ministère, de l'innocence du jeune âge; il corrompt des mœurs que les libertins du monde, n'oseraient profaner, et se livre, à l'ombre du sanctuaire, à des turpitudes que la police la plus éhontée ne pourrait tolérer dans les lieux qu'elle consacre à la prostitution publique! Un autre prêtre, voyant l'amant de sa servante qui, protégé par la nuit, vient se livrer au libertinage accoutumé, attend son rival, comme on guette un lièvre au gîte, et l'abat d'un coup de fusil! Et ces prêtres qui prêchent l'abolition de la charte, et ceux qui courent les héritages, et ceux qui briguent le pouvoir, et ceux qui convoitent l'instruction publique! Que faut-il à tous ces hommes? Est-ce la liberté de la presse ou la censure?

A ceux qui voudraient changer les ministres de la religion en instrumens politiques, il faut des crimes impunis, une clémence privilégiée. Ils transformeraient volontiers les églises en lieux d'asile; ils créeraient des *attentats sacerdotaux*. Ils voudraient qu'un prêtre pût dire comme M. Franchet : *Si vous me citez devant les tribunaux, je ferai punir l'huissier!* qu'il pût répondre comme le secrétaire de Vidoc à ce malheureux qu'il assommait : *Je puis le tuer s'il me plaît; ne suis-je pas agent de police?* Généraux d'une confrérie militante, ils veulent s'assurer le dévouement des soldats par l'impunité de leurs actions, sauf à les accuser ensuite *d'un zèle qui n'est pas selon la science;* et, comme ils ne traversent les temples que pour arriver à la porte des palais, tout ce qui éclaire leur marche avant qu'ils soient parvenus au terme, excite leur fureur. Voilà pourquoi, tandis que le clergé de France accepte la publicité souvent avec plaisir, toujours sans peine, Tartufe a besoin de la censure.

Quels sont donc, me direz-vous, ces hommes qui s'introduisent dans le sacerdoce pour dominer le clergé? dans l'instruction pour éteindre les lumières, fausser la morale et corrompre les mœurs? Eh! Monsieur, n'avez-vous pas vu les jésuites s'enrégimenter, les congrégations se multiplier? n'avez-vous pas entendu les cours royales de France avertir le gouvernement de l'existence illégale d'un ordre turbulent et dominateur? Où donc étiez-vous lorsque la chambre des pairs accusait l'imprévoyance ministérielle, livrant, malgré les lois, notre avenir politique à l'ambitieuse rapacité d'une secte qui, hérétique dans les états protestans, impériale en 1804, ultramontaine en 1827, s'établit à côté de tous les pouvoirs pour les envahir ou les ébranler? Qu'a fait le ministère? ne laisse-t-il pas en oubli les édits des rois, les arrêts des parlemens, les bulles des papes, les remontrances des magistrats, les vœux de la pairie? Protégés par la tolérance, les jésuites tendent à l'oppression : mais il faut que la censure couvre leur marche, et préserve des atteintes de la justice les Séides trop zélés qui apostolisent pour leur compte;

Mingrat vivant en paix sur nos frontières; Tres-
taillon mourant en paix dans la ville qu'il ensan-
glanta, au milieu des femmes qu'il rendit veuves,
des enfans qu'il fit orphelins : voilà ce que la publicité signale, et voilà ce qu'il faut cacher par la
censure, pour prouver que le jésuitisme est un
préservatif, non contre l'enfer dont il se moque,
mais contre le palais de justice dont il a peur.

Qu'importe à la magistrature cette colère géné-
reuse qui flétrit sans cesse les noms odieux des
Jeffryes, des Laubardemont, des Vani, des Fou-
quier-Tainville? Qu'y a-t-il de commun entre ces
misérables et les Harlay, les Molé, les Séguier?
Qu'importe au clergé de France, aux vrais chrétiens, la punition de quelques criminels et la ré-
pression d'une secte turbulente? La majesté de la
religion, la dignité du sacerdoce, l'intérêt des
fidèles exigent que le châtiment du coupable, qui
déshonora l'autel et troubla l'ordre public, rassure
la société à laquelle on avait eu le tort de l'offrir
pour modèle et pour régulateur. Le clergé n'est
pas solidaire du crime, il ne doit pas être res-
ponsable de l'impunité. Les pieux successeurs des
Bossuet et des Fénélon, joignant à l'imposante
autorité de leurs paroles l'autorité plus imposante
encore de leurs vertus; les prêtres dont la piété
plus populaire porte les paroles de l'évangile dans
la chaumière du misérable et près du lit des mou-

rans, sont les ministres de la religion du pauvre, du malheureux et de l'opprimé. Qu'ont-ils à craindre de la presse? Les révélations de la publicité ne peuvent effrayer que l'humilité chrétienne des Cheverrus et des Vincent de Paule. Mais ceux qui font du christianisme la religion des esclaves et des oppresseurs, à ceux-là, Monsieur, la censure est utile; c'est la nuit et le silence qui seuls peuvent leur convenir.

Voulez-vous savoir cependant les fruits que nous avons déjà recueillis de la présence des jésuites, de l'influence de leurs doctrines et du faste dévot de leurs cérémonies? Le dernier nonce du pape avait obtenu des renseignemens précis dont il enrichit en ce jour les archives du Vatican; et, comme il n'y a pas de secrets quand il n'y a pas de censure, c'est d'un journal dont vous avez juré la ruine, de *la France Chrétienne*, que je vais extraire des faits que n'ont contredits ni les journaux du ministère, ni leurs confrères les journaux des congrégations.

« On dresse dans toutes les églises de la capitale un état des *hosties consacrées;* et, à la fin de l'année, ces états servent à dresser à l'archevêché un tableau général. Sous l'empire, le total était de 5o à 6o,ooo; depuis trois ans, le terme moyen est de 2o,ooo, distribuées de la manière suivante : 1° 1o,ooo pour la première et *seconde premiè c* communion d'environ 4,000 jeunes personnes; il faut observer que, d'après le relevé de la population, il devrait y avoir trois fois plus de premières communions, et que ce nombre allait à plus de 7,000 sous l'empire; 2° 3,000 pour les mourans, et ce nombre fournit encore cette observation, qu'il meurt environ 21,000 personnes à Paris, et que, par conséquent, en défalquant les enfans, il n'y a guère qu'une personne sur cinq qui réclame en mourant les secours de la religion. Cette proportion était double sous l'empire.

» Il reste enfin sept mille *hosties;* et si l'on déduit de ce nombre ce qu'une petite quantité d'habitués de paroisse et de personnes dévotes, qui reçoivent plusieurs fois par mois la communion, peuvent en ôter, on verra qu'il en reste tout au plus quatre mille pour les *Pâques* de 700,000 Parisiens; c'est-à-dire qu'une personne sur cent vingt remplit seule les devoirs de cette religion que chacun défend, que chacun aime, et au nom de laquelle on dit tant d'injures et on fait si peu de bonnes œuvres. Ces calculs répondent à des volumes de déclamations.

» Pourquoi la dévotion était-elle réelle sous l'empire? C'est que la religion, indépendante des pouvoirs civils, n'était qu'une œuvre de la vie privée. Les jésuites en ont fait un acte politique : aussi, les fonctionnaires, les ambitieux, les intrigans abondent dans les grandes solennités; on s'y presse pour conserver ou conquérir des faveurs; on se hâte, en rentrant chez soi, de déposer le masque, et l'on prouve ainsi que les fanfarons de religion ne seront jamais des hommes religieux. Sous l'empire, les actes de piété étaient une affaire entre le ciel et nous; aujourd'hui, tout se passe entre nous et les hommes. Encore quelques années, et nous verrons ce que deviendra la religion catholique entre les mains des jésuites.»

Tandis que les Montrouges de toutes les robes, de toutes les congrégations, envahissent le pouvoir, leur seule influence politique éloigne les chrétiens de l'autel. Mais le christianisme ne leur importe guère. Ce qu'ils veulent, c'est gouverner; et la publicité qui signale leurs intrigues, qui proclame leurs attentats, doit expirer sousvotre censure. Faites cet office, Monsieur Lourdoueix; soyez le Jacques Clément, le Ravaillac, le Malagrida de la liberté de la presse.

Escobars politiques, nos ministres ont un égal besoin du silence; les exigeances sont pareilles pour Machiavel et Molina. L'Amérique républicaine, sans nous, malgré nous, et sans profit pour notre commerce; la république vendue aux Haïtiens à prix d'argent, tandis que les colons attendent l'indemnité du sang de leurs pères que

M. de Villèle leur promit ; le massacre des Grecs qui depuis cinq ans atteste que la vraie religion chrétienne a déserté l'occident de l'Europe ; l'état aussi bizarre qu'atroce où nous avons plongé l'Espagne ; les indulgences qui nous viennent de Rome ; les insultes que nous recevons d'Alger ; la constitution de Portugal que nous accueillons en public ; la révolte portugaise que nous favorisons en secret ; les doubles intrigues dont M. Hyde de Neuville fut le révélateur, et M. de Moustiers l'instrument ; nos maréchaux insultés au milieu de Paris par M. d'Appony ; nos diplomates joués par M. Canning, quel ignoble tableau ! Il ne peut avoir d'excuse, il faut le couvrir d'un voile. Vite ! la censure ! A vous, Monsieur Lourdoueix !

Et si nos regards, honteux de dépasser nos frontières, se détournent vers la France, que peuvent-ils apercevoir ? L'agriculture sans débouchés, et des propriétaires pauvres d'une abondance stérile, qui leur permet à peine de payer les impôts ; l'industrie ne pouvant, grâce à nos traités de commerce maladroits et tardifs, soutenir la concurrence dans les marchés étrangers ; cette belle France forcée par la misère à réduire ses consommations, même dans les provinces fécondes où croît le froment, et où le maïs et le sarrasin redeviennent, comme en 1787, l'insalubre nourriture de l'artisan et du laboureur. Manufactures, greniers, magasins, lieux d'entrepôt, tout est plein de productions surabondantes, de richesses stériles, et la baisse des prix pousse partout le producteur à une ruine assurée et prochaine. Les routes dans un état honteux, les canaux délaissés, les monumens publics abandonnés, toutes les entreprises particulières, les branches de toutes les industries suspendues, en liquidation ou déconfites; les ouvriers sans travail, traqués et chassés par la police; le peuple sans pain; et, pour couvrir la nudité de cette déplorable esquisse, quelques fêtes et quelques aumônes! La censure seule peut transformer la misère en prospérité : opérez vite ce miracle! A vous, monsieur Lourdoueix!

Forcés dans leurs derniers retranchemens, les ministres ont été contraints de confesser un *déficit :* l'homme d'intrigue qui se vantait de jouer *cartes sur table* n'a pas été assez fin pour cacher son jeu. Le mystère des *bons royaux* était découvert, il allait être signalé, et cet autre voile d'un autre *déficit* eût été bientôt mis en lambeaux. Nous allions nous trouver en présence d'un nouvel emprunt, et les anciens, depuis la bêtise du *trois pour cent*, ne se soutiennent qu'à grand renfort d'opérations mystérieuses! et l'énormité de l'amortissement, et la sainte ligue des receveurs-généraux, et la sainte alliance de MM. Rotschild et Villèle ne peuvent atteindre à une hausse légère ! Nos finances sont dans un déplorable état ; il est cependant un moyen de ne rien guérir, mais de tout cacher, la censure !

Les comtes de Villèle, de Peyronnet et de Corbière s'étaient formé, à force de circulaires, une majorité de fonctionnaires et de pensionnés : la terreur des destitutions, le piége des faveurs nous donnèrent la chambre actuelle. Des députés, créés pour cinq ans, nous ont octroyé la chambre septennale ; les trois comtes veulent aujourd'hui que ces députés se proclament septennaux ! Que les mandataires se délivrent eux-mêmes un nouveau mandat ! Or, ce nouvel abus sort du domaine politique et rentre dans le cercle plus étroit de la probité ; déjà MM. Benjamin Constant et Turkeim ont fait entendre le cri de la conscience ; ce cri eût été répété par plusieurs de leurs collègues ; quelques-uns se fussent retirés, et les autres se seraient vus contraints de suivre cet exemple dont l'honneur et la publicité faisaient un devoir. Que devenaient les ministres, détestés de la France et privés de la majorité ? Quatre élections nous ont appris ce qu'ils devaient attendre des élections nouvelles ? On le voit : la censure était imminente ; nous la subissons.

Quarante jours avant la mort de Louis XVIII, on voulut la censure ; M. Peyronnet la motiva sur *le scandale des absolutions judiciaires.* Sous le

2

règne du roi qui a dit *Plus de censure*, cet arbitraire est rétabli; et le jour même, les journaux, payés par le ministère, attaquent, avec l'approbation des censeurs payés aussi par le ministère, *le scandale des dernières élections*. Ainsi notre première servitude fut une insulte à la magistrature, la seconde est un outrage aux colléges électoraux

Du centre aux extrémités du royaume, un cri s'est élevé contre le ministère. Ce cri, répété par l'opposition de la chambre des députés, par la majorité de la chambre des pairs, par l'intégrité de la magistrature, par les votes des colléges électoraux, par les délibérations des académies, par les acclamations de la garde nationale, ce cri n'a trouvé partout que des échos fidèles. Il fallait l'étouffer; il fallait que les craintes, les besoins, la conscience de la nation ne pussent trouver d'interprètes : la censure !

Et la censure, moyen honteux et lâche, va s'appuyer bientôt sur la violence et l'iniquité : on jette un peu d'or dans la boue, et l'on vous charge de guetter les malheureux qui s'y précipiteront avec le plus d'ardeur. Je vous en félicite, Monsieur; il paraît qu'il n'est pas facile de trouver en France six hommes qui vous ressemblent. Les ministres, pour paraître de grands hommes, se sont entourés d'une bande de Lourdoueix; les serviteurs

imitent les maîtres, les Lourdoueix s'environnent
de Levacher. Et les Levacher sont rares encore;
vous pensiez en avoir trouvé six, auxquels il
faut joindre M. Deliége que les turpitudes de
l'ancienne censure ont rendu presque aussi fameux
que vous, et voilà que trois vous · échappent!
Vous faites mieux à tâtons que Diogène avec sa
lanterne; vous devez prendre six personnes à
colin-maillard, et vous prenez trois hommes ho-
norables! En vérité c'est jouer de malheur.

Aussi les gens qui vous restent sont d'une fière
force, et M. de Corbière a dû vous applaudir
quand vous lui avez trouvé ces introuvables fonctionnaires. Il hait tous les genres de supériorité;
et sauf toute allusion qui vous serait personnelle,
tous les hommes de mérite ont été chassés de
l'administration, quoique vous y soyiez encore.
Un Larochefoucault est insulté dans son cercueil,
un autre Larochefoucault se retire devant l'ordonnance qui frappe la garde nationale, un autre
Larochefoucault tombe pour vous livrer la direc-
tion des théâtres. Napoléon disait: Dans dix ans,
ma dynastie sera la plus vieille de l'Europe. M. de
Corbière se serait-il dit: Dans dix mois, je serai
le plus ancien gentilhomme du gouvernement
des Bourbons?

Pour vous, Monsieur, vous aviez choisi vos
collègues, vous comptiez sur leur docile servilité:

ils devaient s'immoler à vos caprices, les uns en haine des lumières, les autres par ambition, tous par l'état de leur fortune : vous vous êtes trompé ; la probité n'est pas morte, l'honneur n'est pas éteint. M. Caix se hâte de vous renvoyer sa nomination ; il demandait une place de *censeur d'études*, on le nomme *censeur des journaux*. On lui fait entendre que son *intempestive susceptibilité* pourrait lui coûter sa place de professeur d'histoire ; il persiste et se refuse à devenir votre complice ; il veut rendre sa démission publique, et la censure s'y oppose ! Vous vous indignez, Monsieur, de trouver un honnête homme, et vous ne voulez pas qu'il prenne acte de sa probité ! Oubliez-vous que l'estime publique naît de la publicité des bonnes actions, et qu'elle est aujourd'hui leur unique salaire ? En vérité, c'est trop odieux ; même pour un censeur ! M. Rio a suivi l'exemple de M. Caix : même probité, mêmes menaces, même refus, même silence. Un troisième censeur a dédaigné de s'asseoir à vos côtés ; sa démission est prête ; il hésite à l'envoyer, il est sans fortune et il craint de faire voir qu'il est homme d'honneur ! Quel siècle, bon Dieu ! quel ministère ! Les honnêtes gens sont forcés de dissimuler leur probité pour ne pas s'attirer la haine du pouvoir.

Les ordonnances Corbière portent 1° qu'il

existe un *bureau chargé* de l'examen des journaux ; 2° que ce bureau sera composé de *six* censeurs ; 3° que *tout* écrit périodique sera revêtu du *visa de ce bureau qui autorisera* la publication ; 4° que les membres de ce bureau sont les sieurs Levacher, Fouquet, Couvret, Pain, Rio, Caix et vous, Monsieur, pour directeur.

C'est donc *le bureau de six censeurs* qui seul peut autoriser les publications périodiques ou s'y opposer. Or, il est faux qu'il existe un bureau de *six* censeurs, puisque *trois* se sont refusés à ces misérables fonctions. Ainsi quel que soit le prurit de censure qui tourmente les trois hommes de bonne volonté qui vous restent, il y a arbitraire, illégalité, tyrannie, opprobre à juger *à trois,* ce que l'ordonnance n'a soumis qu'au jugement de *six.* Ainsi il n'existe pas, il n'a jamais existé de bureau de censure, et tout ce que vous avez fait jusqu'à ce jour n'est qu'injustice, violence et déception.

Il faut qu'une nouvelle ordonnance nous fasse connaître les trois noms nouveaux qui ne reculeront pas devant la flétrissure qui vient d'effrayer M. Caix et ses collègues. Jusqu'à ce moment, il n'existe pas de censure ; votre pouvoir est usurpé ; il naît de l'astuce, se fait obéir par la terreur, et la censure est assez basse pour qu'on ne l'entoure pas de bassesses nouvelles. Votre existence est une monstruosité, dont les tribunaux feraient justice, si les entraves administratives n'empêchaient pas tout recours aux tribunaux.

Parce que vous êtes le chef d'un bureau despotique, vous vous êtes cru le maître de brasser des iniquités. Vous vous trompez, l'arbitraire a sa justice; l'injustice même a ses règles. Un pacha n'est pas en fureur, un cadi n'est pas en délire, un bureau de censure n'est pas une salle de Charenton. Si M. de Corbière voulait nous dégoûter de l'arbitraire, il a bien fait de vous choisir, et vous avez très-bien choisi vos complices; personne ne pouvait mieux faire ressortir ce qu'il y a de lâche, d'ignoble et d'inique dans le despotisme. Que diriez-vous d'une cour royale qui jugerait à trois juges, parce que les autres se seraient récusés? Vous n'en trouveriez pas une seule qui ne reculât devant cette stupide illégalité. Mais votre bande, ou plutôt vous, car vous formez vous seul votre bande, vous ne reculez pas devant l'absurde.

Trouvez des censeurs, monsieur Lourdoueix: jusqu'au moment où une nouvelle ordonnance nous fera connaître que votre troupe est au grand complet, il ne peut exister de censure, puisqu'il n'existe pas de bureau.

Cependant le triumvirat illégal qui vous reste, veut gagner ses gages. Il marche bravement avec vous, sinon vers l'estime publique, du moins vers les faveurs de M. de Corbière. Les atteintes portées à notre propriété feront ressortir tout ce que la liberté publique doit attendre d'une odieuse institution que vous dénaturez pour la rendre plus odieuse encore.

Les ordonnances étaient prêtes : les ministres avaient choisi, dans la chambre des pairs, dans la chambre des députés, dans le conseil d'état, parmi les magistrats révocables, les hommes qui avaient manifesté le plus d'éloignement pour la presse périodique, et ce choix était tombé sur MM. de Bonald, d'Herbouville, de Breteuil, de Frénilly, Olivier, de Maquillé, Cuvier, de Guilhermy et de Broé, qui composent le comité de surveillance. Après ses discours, on n'est pas supris de lire le nom de M. de Bonald, que M. de Chateaubriant n'appelle plus son illustre ami ; mais on s'attriste en voyant le savant Cuvier, traîné à la remorque par tous les pouvoirs, finir comme Bacon a commencé, lui qui commença comme Bacon a fini !

Je me trompe, ou malgré ses opinions sur la presse, ce comité, qui doit *régulariser l'arbitraire*, aura quelque répugnance à consacrer vos injustices, à sanctionner une spoliation.

Il fallait encore des instrumens serviles ; c'était votre affaire, monsieur ; ils furent bientôt trouves : et le dimanche, 24 juin, entre la messe et

les vêpres, le conseil s'assemble au grand complet.
M. de Peyronnet ne balance point entre sa haine
de la publicité et ses affections de famille; il
quitte le lit de mort de son fils, et, comme si le
hasard voulait justifier la Providence, le fils ex-
pire au moment même où le père contresignait
l'ordonnance fatale.

Le 25, l'ordonnance est publiée par le *Moni-
teur*; à midi, M. Delavau, pour constater officiel-
lement l'alliance de la police et de la censure, no-
tifie aux journaux que les censeurs entraient en
exercice sur-le-champ, et que les feuilles du lendemain ne paraîtraient que censurées.

Comme tous les journaux, la *France Chrétienne* offre ses articles à la mutilation ministérielle;
on les renvoie, à minuit, sans y apposer le *visa*
ou le rejet de la censure. Ce n'était pas seulement
une illégalité, un abus de pouvoir, c'était encore
un piége. Un journal littéraire, voyant revenir
ses articles sans ratures, les crut approuvés et
les fit paraître; le lendemain il fut saisi. Mais
M. Marin, directeur de la *France Ch étienne*, se
défie de la censure; il sait ce qu'on peut attendre
de M. Lourdoueix et des acolytes qu'il s'est choisis:
le journal ne paraît pas. Dès quatre heures du
matin l'imprimerie était entourée de mouchards.
M. Delavau avait prêté ses galériens à M. Lourdoueix. Il est juste de dire que parmi ces espions

on ne reconnut pas de censeur. Les censeurs avaient fait leur métier du soir, les forçats remplissaient leur tâche du matin.

M. Marin savait que les censeurs étaient institués pour *approuver ou rejeter* les articles qui leur étaient soumis ; que l'ordonnance vous avait donné le *droit de censure*, mais non celui de *déni de censure*. A deux heures, il va dans vos bureaux : M. Deliége, symbole visible d'une censure invisible, se présente à lui : « Je suis désolé, lui dit-il, de ce qui s'est passé ; mais *ces messieurs* ont décidé que les directeurs feraient subir à leurs journaux une *censure préalable*, et ne *nous* enverraient que les seuls articles que nous puissions approuver. » M. Marin trouve bizarre que les censeurs rejettent leur tâche sur les journalistes. Ils sont nommés pour censurer, ajoute-t-il, ils doivent remplir ou refuser leur emploi, et ce n'est pas à nous de nous mutiler. — Vous ne l'obtiendrez pas, réplique M. Deliége ; résignez-vous : le *Constitutionnel*, le *Journal des Débats*, tous les journaux y consentent. Résignez-vous, et venez voir M. Lourdoueix qui désire faire avec vous un *échange de politesses.* »

M. Marin, croyant obtenir du directeur ce que lui refuse le secrétaire, suit M. Deliége dans votre bureau : voici, monsieur, les politesses qui furent échangées. — M. Marin : Je désire savoir, monsieur, pourquoi la censure a refusé d'approuver ou de rejeter les articles que je lui ai adressés hier. — M. Lourdoueix : La censure n'a pas de compte à vous rendre ; elle a fait ce qui lui a plu. Donnez-vous la peine de vous asseoir. — M. Marin : Je ne suis pas venu pour m'asseoir, mais pour demander des éclaircissemens ; et d'après ce que je viens d'entendre, je vois que je n'ai rien à demander. — M. Lourdoueix : Et moi, plus rien à répondre.

Je vis M Marin encore tout surpris de la politesse des commis de M. de Corbière. Je lui conseillai de renvoyer ses épreuves à votre bureau ; je lui promis qu'elles seraient approuvées ou rejetées. Je ne me trompai pas. Je connais les hommes ; l'insolence naît d'un sot orgueil ; mais l'être le plus mal élevé, le plus bouffi de vanité, le plus encroûté de sottises, tient à faire croire qu'il est bonne compagnie ; qu'il a le ton des honnêtes gens, et les manières du monde. Vous devez avoir de tout cela, Monsieur ; mais, n'en eussiez-vous pas même l'apparence, je savais que votre amour-propre vous contraindrait à quelque urbanité. J'avais prévu juste ; le journal du lendemain parut, mais avec des BLANCS qui annonçaient les traces de la censure.

Ces *blancs* furent un crime, et un crime inexpiable. Il faut les expliquer : M. Marin vous avait

remis assez d'articles pour composer deux journaux ; politique, littérature, théâtres, annonces
de livres , tout fut refusé, à l'exception des articles qui parurent ; et, comme tous les articles approuvés ne pouvaient remplir le journal , ils furent *tous* publiés, et il resta un espace *vide ;* on
n'avait plus, pour le remplir, d'articles censu-
rés ; on ne *pouvait* publier des articles non approuvés par la censure : les espaces restés en
blanc furent donc une *nécessité de fait.*

Ils furent encore l'ouvrage de votre censure ;
elle avait retenu les trois quarts des articles en-
voyés ; tous étaient inoffensifs ; la plupart étaient
étrangers à l'opposition et rentraient dans le domaine purement littéraire ; vous étiez allé jusqu'à
rejeter ces quatre vers :

La cigale ayant chanté
Tout l'été,
Se trouva fort dépourvue
Quand la bise fut venue.

Et j'en préviens les nourrices qui ont l'habitude
de les apprendre à leurs marmots, sans se douter
que ces vers sont déclarés séditieux par un homme
qui s'appelle Lourdoueix, et par trois de ses sbires
dont j'ignore le nom.

Cette conduite me parut une infamie, et une
infamie de plus dans l'officine de la police ne

me sembla pas chose étrange. Mais M. Marin ne croit pas aux infamies gratuites; il vit encore l'imprimerie entourée des forçats de la police, dont il paraît que vous êtes le capitaine en second: vous aviez espéré que nous remplirions les *blancs*, que nous serions en contravention, et que le comité de surveillance, achevant l'œuvre du bureau Lourdoueix, supprimerait notre journal. Vous êtes fin, vos piéges sont adroits, quelqu'auteur de mélodrame pourra tirer de vos gentillesses des ruses nouvelles à prêter à un Furet de la Préfecture; mais, croyez-moi, il n'est pas de finesses qu'un simple bon sens, qu'une franche probité ne désoriente.

M. Deliége déclara à M. Marin qu'on ne voulait pas de *blancs*, que *le Constitutionnel*, le *Journal des Débats*, que tous les journaux déféraient à cette volonté, et que *la France Chrétienne* ne serait à l'avenir ni approuvée ni rejetée. Depuis ce moment, les épreuves, chaque jour envoyées à deux heures après-midi, sont chaque jour renvoyées à minuit, sans approbation et sans rejet.

Je vis alors que tous les journaux s'étaient laissé prendre au traquenard de la police. Et il importait, non certes à la prospérité de notre journal, mais à la dignité de l'opposition, mais aux libertés publiques, qu'une feuille protestât contre ces violences illégales, contre ces piéges grossiers; qu'elle parût telle qu'elle était mutilée par vous, et que chaque lecteur pût se dire : *La censure a passé par là.*

Je connaissais les projets de vos maîtres; je savais que, désolés du retrait forcé de leur loi sur la presse, ils travaillaient à un projet de censure générale et perpétuelle : brochures, livres, gravures, lithographies, musique, tout se courberait sous cette tyrannie de nouvelle espèce, et cette loi serait votée dans ce premier mois de la session, durant lequel il n'existe pas de liberté de la presse. Cette pensée vint changer en devoir l'opposition à votre odieuse censure. La résistance à vos bizarres tyrannies ne fut plus une affaire de journaliste, mais un acte de bon Français et de bon citoyen. Je voyais déjà les ministres arriver à la tribune, annoncer que les journaux avaient paru toujours remplis, et porter à la commission les épreuves censurées où l'on eût à peine trouvé trace du despotisme Lourdoueix. La candeur ministérielle n'eût révélé ni les honteuses propositions que vous avez faites à tous les journaux d'une censure préalable et domestique, ni la nécessité que vous leur imposez, sous peine de mort, de paraître *sans lacunes*; et durant ce mois de mensonges et de déceptions, la presse esclave n'eût pu faire entendre la vérité !

Sans doute tous les journaux sont les maîtres

de se prêter à cette lâche et immorale fourberie. Tous peuvent briguer la servitude, mais tous en rougiront. Déjà le *Journal des Débats*, soit prévision, soit nécessité, a deux fois laissé ses colonnes en blanc; les autres imiteront cet exemple; et bientôt les Lourdoueix de la censure ne pourront plus annoncer à leurs maîtres la douceur paternelle de leur insolente tyrannie; et les ministres ne pourront plus tromper le prince; et les conseillers de la couronne ne pourront plus tromper les chambres; et les chambres, abusées par d'insignes mensonges, ne pourront pas à leur tour tromper la France. La censure paraîtra dans sa hideuse nudité. Ainsi tombera ce ricochet de tromperies méditées par nos grands hommes. Ainsi, Monsieur Lourdoueix, servile instrument de cette misérable jonglerie, vous en recueillerez le lucre financier; mais l'honneur qui vous en revient va s'imprimer à votre nom, et le fer rouge de la place de Grève trace des caractères moins indélébiles.

Nous aurions sacrifié sans peine nos intérêts privés à l'intérêt public; nous n'aurons pas le mérite du sacrifice, votre inhabileté ne l'a pas rendu nécessaire. La police possède je ne sais quelle finesse niaise et stupide qui se découvre au premier coup-d'œil et se livre au ridicule; elle possède je ne sais quelle violence intempestive et brutale qui lui donne sur-le-champ toutes les allures de la mauvaise foi, tous les caractères de l'iniquité; ces stigmates de la police, que n'a pu cacher l'astucieuse adresse de M. Franchet et l'insigne jésuitisme de M. Delavau, vous n'étiez pas de force à les déguiser; on les voit en plein sous votre masque; M. de Chateaubriand vous couvrirait de ses talens, M. de Quelen de sa piété, M. Séguier de ses vertus, que, sous tous ces voiles, on ne verrait encore qu'un Lourdoueix. En vérité, Monsieur, le métier que vous faites peut vous convenir; vous pouvez en avoir le goût, en aimer les profits, mais vous n'y serez jamais qu'un malhabile écolier : demandez à M. Franchet.

En renvoyant les articles que vous soumet *la France Chrétienne*, vous avez placé votre bureau d'inquisition dans une ornière sans issue; votre métier est *d'approuver ou de rejeter* les articles; c'est l'alternative que vous impose l'ordonnance royale; vous ne pouvez vous y soustraire sans prévarication.

Si vous rejetez des articles inoffensifs, nous nous pourvoirons devant le conseil de surveillance, qui décidera ce qu'il jugera convenable.

Mais le refus d'approuver ou de rejeter constitue un *déni de censure*; nous n'avons plus à nous plaindre de ce que vos fonctions sont *mal* remplies, mais de ce qu'elles *ne sont point* remplies.

L'ordonnance nous assujettit à la censure, mais il faut qu'elle nous donne des censeurs.

Or, si vous êtes de mauvais censeurs pour les autres journaux, pour nous vous ne voulez pas être censeurs, et il faut que l'autorité vous force à remplir vos devoirs ou qu'elle nous rende notre liberté.

Or, votre inertie s'oppose à ce que *la France Chrétienne* puisse paraître; elle est donc un attentat à la propriété, une véritable spoliation; et ce genre de confiscation, ce vol véritable ne peut être sanctionné par une ordonnance rendue après avoir entendu la messe du dimanche 24 juin.

Aussi, dans ce moment notre unique recours est dans la justice des tribunaux, protecteurs des droits de propriété. Mais nous ne pouvons arriver à eux qu'après avoir fait constater qu'il ne vous plaît pas de remplir les fonctions qui vous sont imposées et payées. L'huissier qui devait constater cette infraction à l'ordonnance royale et constituer la censure en demeure, recule épouvanté devant les vengeances ministérielles (1), il

---

(1) *A MM. les Membres composant la Société du Journal* LA FRANCE CHRÉTIENNE.

Messieurs,

Je viens d'instruire M. Comte de vos griefs contre

veut que M. de Corbière lui permette de signifier
une sommation à M. Lourdoueix. Aussitôt M. Marin écrit au ministre (1) : le ministre ne répond

---

M. Lourdoueix, et des mesures que vous vouliez prendre
pour les faire redresser ; la première observation que je
vous avais faite, il me l'a faite à son tour : c'est que, pour
agir contre un conseil institué par le Roi, il faut une autorisation du ministre de l'intérieur ; et ce défaut d'autorisation rendrait très-désagréable pour un huissier une sommation qui serait sans aucun résultat utile pour vous.

Je vous renvoie donc la note qui contient vos observations, et vous prie de les insérer dans une requête au conseil de surveillance de la censure, qui, bien sûr, fera justice.

J'ai l'honneur, etc.

> GAILLARD, premier clerc de M. Comte.

Paris, le 28 juin 1827.

(1) A M. LE COMTE DE CORBIÈRE, MINISTRE SECRÉTAIRE
D'ÉTAT AU DÉPARTEMENT DE L'INTÉRIEUR.

> Paris, le 29 juin 1827.

J'ai l'honneur, Monseigneur, d'exposer à Votre Excellence que le comité de censure n'a voulu ni approuver ni
rejeter les épreuves que lui avait adressées le journal intitulé *la France Chrétienne*, le 26 et le 29 de ce mois ; que ce
journal n'a pu paraître ni l'un ni l'autre de ces deux jours ;
et qu'il résulte de cette espèce de suppression un attentat
à ma propriété.

Si la censure avait rejeté nos articles, nous nous pourvoirions devant le conseil de surveillance. Je ne me plains
pas, quant à présent, d'une censure mal exercée, mais

3

pas, et bientôt j'aurai l'honneur d'expliquer les motifs de son silence dans une lettre qui ne restera point dans les cartons de son ministère, à côté de celle de M. Marin. J'irai frapper successivement à toutes les portes ministérielles; non que j'espère justice, mais ce recueil de lettres à de petits hommes qui possèdent de grandes places, pourra faire un recueil curieux, utile même, car chaque iniquité du pouvoir prépare un triomphe à la liberté.

---

d'un déni de censure et d'atteinte à ma propriété. Cet arbitraire me place dans la nécessité de citer M. Lourdoueix, directeur de cette censure, devant les tribunaux, afin de le faire condamner à des dommages. L'huissier Comte, *rue du Croissant*, n° 13, refuse de constater par acte *le déni de censure* dont je me plains. Je ne puis penser, Monseigneur, que le pouvoir veuille s'interposer entre les citoyens et la justice, et je m'adresse à Votre Excellence pour obtenir l'autorisation que demande cet huissier, pour oser exercer ses fonctions dans un bureau de votre département, et citer M. Lourdoueix.

J'espère, Monseigneur, que justice sera faite; la demander à Votre Excellence, malgré le crédit dont M. Lourdoueix peut abuser auprès de vous, c'est annoncer la confiance que je place dans votre équité.

J'ai, etc.

Le Directeur de *la France Chrétienne*,

MARIN BOURGEOY.

M. Marin, dont les .intérêts gravement com-
promis ne peuvent rester dans cette polémique,
va droit à son but. Il a éprouvé des dommages
par la non publication de sa feuille; il en a éprouvé
de plus graves, parce que votre illégale conduite
lui a fait perdre le renouvellement du 1ᵉʳ juillet;
il est menacé d'une ruine complète par la confiscation du journal, véritable spoliation et vol détes-
table, et il s'adresse aux tribunaux pour y trouver
des huissiers, des magistrats et la justice que vous
avez exilée des bureaux de M. de Corbière.

Cette lettre, conservatrice de notre propriété,
était commandée par la nécessité; il fallait prendre acte de votre *déni de censure* et du *silence*
par lequel M. de Corbière protège vos tentatives
de spoliation; il fallait que nos abonnés ne pris-
sent point la non-publication de la *France Chrétienne* pour l'effet de la volonté de ses propriétaires. Ils sauront aujourd'hui qu'elle est l'ouvrage de l'odieux arbitraire de votre police, et
que ce journal leur sera envoyé aussitôt que l'é-
quité des tribunaux pourra mettre un terme aux
iniquités de votre inquisition jésuitique et ministérielle.

FIN.